ÉLOGE

DE

BLAISE PASCAL.

PAR M. F. TALANDIER,

Premier Substitut de M. le Procureur général
près la Cour Royale de Limoges.

SECONDE ÉDITION.

~~~~~~~~

AOÛT MDCCCXXI.
~~~~~~~~

ÉLOGE
DE BLAISE PASCAL.

*Cujus gloriæ neque profuit quisquam laudando,
nec vituperando quisquam nocuit, cùm utrcumque
summis præditi fecerint ingeniis.*
TITE-LIVE.

UNE société puissante, des écrivains célèbres, au rang desquels on voit plusieurs de ces hommes dont la terre admire le génie, persécutèrent à différentes époques, la vie et la mémoire de Pascal. Les jésuites, dont il sonda les cœurs, dont il montra à découvert les vues ambitieuses, mais qui favorisaient, il faut le dire, la religion et la stabilité des empires, les jésuites triomphè-rent. On les vit effacer son éloge d'un recueil consacré à la mémoire des grands hommes du siècle de Louis XIV, tandis que la justice, d'une main plus sûre, l'imprimait dans la mémoire de la postérité. Mais au sein de l'exaltation religieuse nâquit l'incrédulité. Bientôt la face de toutes choses fut changée. Une persécution nouvelle se forma contre Pascal, celle de Voltaire et de ses disciples. Son génie, objet de l'admiration universelle, leur faisait ombrage; ses œuvres étaient un obstacle au projet funeste qu'ils avaient formé de détruire la religion chrétienne. [1] Le temps, après de rares malheurs, suite nécessaire d'un tel projet, a fait justice de cette seconde coalition. Sa gloire est sortie pure et brillante du sein de ces nuages sous lesquels on voulait l'obscurcir. Eh! quelle gloire est plus sans mélange que la sienne? Qui obtint dans les lettres et dans les sciences des succès plus grands? Qui sut rendre ses succès plus utiles? Lui-même s'ouvrit en quelque sorte le sanctuaire des sciences, bientôt il atteignit et recula les bornes des connaissances de son siècle; ses découvertes dissipèrent une partie des ténèbres dans lesquelles on avait marché jusques alors, soulevèrent un coin du voile qui nous cache les principes des choses, enseignèrent aux hommes de quelle manière il fallait étudier la nature, furent le germe des succès à obtenir dans cette noble étude. Il ne chercha la vérité que pour elle, non pour se vanter de l'avoir trouvée; plus heureux que Descartes, il sut se tenir en garde contre les écarts de l'imagination; rival de Leibnitz et de Newton, il conçut avant eux, si toutefois il ne leur fit pas concevoir, les idées élémentaires du calcul différentiel et intégral, et si Newton soumit aux lois du calcul les révolutions des astres, Pascal soumit aux mêmes lois les chances du hasard. Non content de se livrer aux plus sublimes abstractions de la métaphysique, il sut inventer les machines les plus utiles au bien-être journalier de la vie. [2] Phénomène nouveau ! le premier des géomètres devint le plus grand des orateurs ; le mathématicien le plus profond créa rapidement le plus beau titre de la gloire littéraire des français, réalisa le desir de tous le siècles, de voir une éloquence sublime unie à une vertu parfaite. Simple comme tous les hommes d'un véritable génie, il le devint davantage par sa vertu. C'est elle qui remplit son âme de la charité la plus ardente envers les malheureux ; qui, dans sa modestie, le rendit en quelque sorte ennemi de sa gloire. Abandonnant l'étude des sciences, dont l'utilité est passagère, pour s'attacher à la vertu, seule compagne qui nous suive dans un monde meilleur, il fit bien mieux que d'instruire les hommes, il les rappela au bonheur en les rappelant à la religion chrétienne ; il montra dans un nouveau jour les beautés et les preuves de cette religion divine ; et si la mort ne l'eut arrêté au milieu de sa carrière, il n'eut pas laissé inachevé un monument dont la grandeur et la beauté auraient égalé l'importance, et dont les matériaux confus et épars commandent l'admiration, et feront naître d'éternels regrets. Un jour, peut-être, si le temps obscurcit l'histoire, on croira sa réputation grossie de titres d'honneur, qui lui furent étrangers : cependant on retarda son application à l'étude des sciences, 3) ses années furent en petit nombre, ses jours furent pleins de souffrances, et quand le génie des succès annonce sa gloire à tous les âges, le génie des espérances déçues pleure sur sa tombe sa fin prématurée.

Considérons quel fut chez les anciens, et à la renaissance des lettres, l'état des arts et des sciences.

En réduisant à sa juste valeur tout ce qui a été dit de l'antique et mystérieuse Egypte, appréciation que nous ont permis de faire nos conquêtes d'un jour, on voit que l'avancement des arts et des sciences dans cette contrée, fût proportionné aux besoins d'un peuple civilisé, et ne dépassa guère ce terme. Le commerce qui fit naître les arts en Phénicie et à Carthage, y étouffa ceux qui donnent le plus de charme à l'existence. En Grèce, où le climat, les mœurs, les institutions, tout concourait au perfectionnement de ce qui embellit la vie ; où l'on aima la liberté, la gloire avec enthousiasme ; où la beauté fût, en quelque sorte, le premier bien ;

les beaux arts, dans le siècle de Périclès et sous le règne d'Alexandre, parvinrent, dès leur naissance, au plus haut degré où ils puissent s'élever peut-être. La protection de Ptolémée arrêta leur décadence. Jaloux de dominer uniquement par leur caractère et la force des armes, long-temps les romains eurent une sévérité de mœurs qui leur fit négliger, mépriser même les beaux arts. Si la conquête des chefs-d'œuvre de la Grèce répandit parmi eux assez de goût pour leur faire apprécier ces chefs-d'œuvre, ce goût ne put les rendre créateurs à leur tour. Les sciences, chez les romains, furent toujours ce qu'elles étaient chez les grecs, de qui ils les reçurent. En physique, ils marchèrent sur les pas d'Aristote ; ils furent plus excusables de s'arrêter sur ceux d'Apollonius, d'Euclide et d'Archimède. Dès-lors il fallait au géomètre, à l'astronome, des instruments et des règles nouvelles. Rigoureuse pour les démonstrations, la timide méthode de la synthèse ne pouvait s'élever à la découverte des lois de l'univers, il fallait à la science des formules plus générales et plus hardies.

L'éloquence suivit à Rome le sort de la liberté. Quand la république eut cessé d'être, la poésie, amie des plaisirs, plus flatteuse et plus souple que l'éloquence, se joignit, dans le siècle d'Auguste, aux pompes de l'empire. Hors, l'Égypte qui conservait quelque souvenir de son ancien état ; la Grèce, qui, dépouillée de sa puissance et de ses chefs-d'œuvre, commandait à ses vainqueurs par l'autorité du savoir et les charmes de l'esprit ; et l'Italie qui joignait à la puissance périssable des armes, une partie de la puissance immortelle du génie, tout était livré aux ténèbres de l'ignorance, ou ne recevait qu'une légère influence de ces contrées heureuses, où les arts et les sciences florissaient encore. Mais les temps n'étaient pas éloignés, où la barbarie, précédée et suivie de toutes les infortunes qui forment son cortège, devait s'étendre sur toute la terre. Les richesses accumulées dans Rome y portèrent les délices et la corruption ; le goût d'une vie voluptueuse, étouffa le goût des sciences ; l'opulence soutint encore les beaux arts ; mais que pouvait-on attendre d'artistes qui n'étaient animés que d'un esprit mercenaire ? (1) Les empereurs achevèrent de détruire le peu de bonnes mœurs qui subsistaient encore. Quand ils eurent répandu autour d'eux la terreur et l'effroi, quelle application pouvaient donner aux sciences, des hommes en qui une crainte continuelle avait produit le dégoût même de la vie ?

---

(1) Dans la décadence de l'empire romain, les plus beaux ouvrages de l'art furent des ouvrages d'orfévrerie.

(*Voyez* Winkelmann, *Hist. de l'art.*)

Des soldats parvenus, ou les laissèrent abandonnées, ou les proscrivirent. Quelques empereurs, dignes de paraître dans des temps meilleurs,
rappelèrent, il est vrai, ces nobles exilées. Mais
que pouvaient-elles devenir dans un état qui
s'affaissait par son propre poids, qui se déchi-
rait de ses propres mains, qu'inondaient des
nations barbares attirées à la fois par la vengeance et la cupidité? Que pouvaient-elles devenir
dans un empire ébranlé dans toutes ses parties,
que gouvernaient des hommes du génie le plus
faible, quand l'état des choses exigeait des hommes du génie le plus grand? Les dévastations
successives des provinces romaines et de l'Italie,
les divers saccagements de Rome, les fureurs
des Iconoclastes, tous les malheurs publics et
privés, concoururent à l'anéantissement des
beaux arts et des sciences. L'antique Rome,
ensevelie sous ses propres ruines, sembla descendre dans le tombeau : ses thermes, ses
palais, ses amphithéâtres, construits jadis sur
des chaumières, eurent leurs ruines couvertes
de nouvelles chaumières : ce n'était plus le
même peuple, ce ne fut plus le même langage;
tous les ouvrages relatifs aux arts et aux sciences se trouvèrent anéantis ou perdus; le souvenir
même du passé fut éteint. On ne connut plus
que deux classes d'hommes, des vainqueurs ou

des vaincus, des oppresseurs ou des opprimés; et pour comble d'infortune, on vit des hommes s'honorer de ce qui faisait leur honte, de grossiers conquérants, prouver leur noblesse par leur ignorance.

Par une heureuse compensation, la religion chrétienne croissait à mesure que la civilisation se perdait. Elle sauva le genre humain du naufrage; elle recueillit dans ses monastères les sciences abandonnées; unit par des liens mutuels, les princes et les peuples, affermit les états, rapprocha les individus, adoucit la dureté des mœurs, éleva vers le ciel les pensées qui rampaient sur la terre, rendit les hommes propres à la culture des lettres et des sciences, et remit dans leurs mains, tout ce qu'elle avait recueilli pour en conserver la tradition. On connut alors de quel état on était déchu; on sentit vivement l'étendue des pertes qu'on avait faites; de tous côtés on rechercha ce qui était égaré ou perdu. Constantinople, le seul lieu de l'univers où se fût conservé un reste de lumière, tomba sous le joug de Mahomet, devint barbare, pour ne cesser de l'être qu'à l'époque où elle se verra délivrée de la domination des Musulmans. Le petit nombre de savants et d'artistes, qui se refugia de Constantinople en Italie, vint y donner une nouvelle ardeur à l'émulation qui

y régnait déjà. Les grands hommes de l'antiquité semblèrent alors revivre de nouveau ; une
partie de leurs chefs-d'œuvre sortit des monastères et des ruines de Rome ; leurs beautés firent
franchir rapidement un immense intervalle,
reportèrent les esprits aux beaux jours d'Athènes
et de Rome : il n'y eut qu'un pas de l'ignorance à la perfection, et le siècle de Léon X se
montra rival du siècle de Périclès et du siècle d'Auguste. Le Dante, Le Tasse, l'Arioste
embellirent leurs poëmes de tous les charmes
de la poésie, remplirent leurs pages divines
des beautés éternelles du génie. Raphaël, dans
un autre genre, fut peut-être non moins brillant et plus sublime que ces peintres de la pensée;
Michel-Ange, architecte, sculpteur, peintre et
poëte, excella dans chacun de ces arts, égala
les anciens, les surpassa peut-être. Le pouvoir
physique de l'Italie était brisé ; elle était deve-
nue la proie du premier occupant ; cette terre
étonnante sut en conquérir un nouveau par
l'autorité et la grandeur du génie. Elle régna
sur les consciences, elle devint pour les autres
peuples ce que la Grèce soumise avait été pour
les romains. On vit l'éclat dont elle brillait se
réfléchir sur les contrées les plus lointaines. Une
fermentation générale se fit sentir. Bientôt les
succès nâquirent des succès, les découvertes firent

naître des découvertes nouvelles, les sciences s'étendirent jusque sous le pôle. Dans ces froides contrées où l'homme est replié sans cesse sur lui-même, où la méditation est plus profonde et l'observateur plus patient, apparurent les créateurs de l'astronomie. Copernic reconnut l'immobilité du soleil, centre des mouvements planétaires, système deviné par Pythagore; Tycho-Brahé, sacrifiant ses lumières aux préjugés qui l'environnaient, rendit à la terre son prétendu repos, et fit circuler autour d'elle le soleil, qui emportait les autres planètes dans la sphère de sa révolution. Les profondes réflexions de Képler déterminèrent les lois du mouvement de ces astres. Aidés des découvertes de l'astronomie, armés de la boussole, les navigateurs s'élancèrent sur les mers. Colomb découvrit un nouveau monde; Vasco de Gama dépassa l'équateur, montra à ses portugais un ciel et des étoiles inconnues, et à la muse de Camoëns, des beautés nouvelles. Le hasard quelquefois plus puissant que le génie, donna à l'infortuné Galilée le premier télescope, il démontra le système de Copernic. Bacon, possédant toutes les sciences, les approfondit toutes; il s'appuyait sur le faisceau de toutes les connaissances humaines pour s'élancer vers les hauteurs qu'il entrevoyait; Descartes délivra la raison de l'homme des liens de l'esclavage ; renversa l'édifice des sciences, pour l'élever sur de plus solides bases ; s'enfonça dans les ténèbres du doute, pour parvenir aux régions brillantes de la vérité (1) ; créa l'analyse, et l'algèbre unie à la géométrie, ouvrit une immense carrière où les anciens n'avaient pu pénétrer. Newton allait incessamment paraître.

C'est au milieu de ce mouvement universel que nâquit Pascal. Ce mouvement influa sur son génie, comme il influa lui-même sur ce mouvement, à qui il communiqua une marche plus rapide et plus sûre.

Les circonstances, sans lesquelles les dons les plus heureux de la nature sont bien souvent des dons stériles, l'entourèrent en partie de leurs faveurs. Il dut à la noblesse de sa naissance, la noblesse de ses sentiments ; il dut, au savoir distingué de son père, ce goût du savoir et de la science qui furent le principe de ses succès ; il dut, aux sacrifices de ce généreux père, (si c'en est un pour un père, de renoncer à une place distinguée, pour se consacrer tout entier à l'éducation de son fils), l'avantage

____

(1) *Incipit in ipsis dubitandi tenebris filium quoddam rationis, cujus ductu evaditur in lucem clarissimam ; ibi principium docendi est.*

d'être entouré , dès son enfance , de tout ce
qui concourt à développer les facultés de l'âme ;
il dut , aux utiles leçons , aux sages exemples
de son père , cette vertu qui fit la base de son
caractère. — Étienne Pascal eut un ami qui
encourut la disgrâce du cardinal de Richelieu ;
cet ami était injustement persécuté. Étienne
Pascal n'hésita point à embrasser sa défense.
Rien ne put lui faire abandonner ce noble dessein , ni le pouvoir du ministre , ni les suites
funestes de son courroux , ni ses propres intérêts , ni ceux de son fils , pour qui il avait tout
sacrifié : il osa faire entendre la vérité aux
oreilles d'un ministre inaccoutumé à l'entendre ,
et cette fois du moins , la vérité reçut sa récompense. Le ministre reconnut son erreur , la
répara , accorda son amitié à Étienne Pascal ,
et récompensa son courage , en le nommant
à l'intendance de Rouen.

Cependant les circonstances qui favorisèrent
le jeune Pascal , ne lui furent pas tellement
favorables , qu'il n'ait eu la gloire de triompher d'obstacles qui auraient été insurmontables
pour tout autre que lui , et qui prouvent d'une
manière étonnante , quelle était la force de son
génie. Son père avait reconnu de bonne heure
la rectitude de son esprit , que la vérité seule
charmait ; mais voulant lui donner cette ins-

truction solide, trop oubliée de nos jours, que l'on doit à une étude approfondie des langues anciennes, voulant enrichir son esprit de tous les trésors de la mémoire et de l'imagination, il redoutait pour lui le charme impérieux de la géométrie, et écartait soigneusement tout ce qui pouvait faire naître son goût pour cette science.

L'académie, qui allait incessamment se former sous les auspices du cardinal de Richelieu, n'existait point encore. Les savants qui la composèrent les premiers, parmi lesquels Descartes, Roberval, Etienne Pascal tenaient le premier rang, se réunissaient dans la maison de ce dernier. Un jour ils s'entretenaient de géométrie en présence du jeune Pascal; cet entretien donna l'impulsion à ses idées.

En vain l'étude de cette science lui est interdite, en vain les livres lui manquent, et les amis de son père l'évitent, en vain son père lui-même, résistant aux plus douces invitations de la nature, se refuse à ses interrogations, et lui défend de les renouveler, il obtient par ses instances une définition de la géométrie, elle ressemble au feu de Prométhée qui anime un homme nouveau.

Tandis que l'étude des langues dépose dans son sein le germe de toutes les beautés de l'éloquence; tandis que la religion qui lui est enseignée par un père vertueux élève et agrandit son âme; il suit en silence et à l'écart le développement de l'idée qu'il a conçue. Toutes ses heures sont remplies: il consacre à ses méditations géométriques le temps destiné à ses plaisirs. Mais ces études sans intervalle, à un âge où le corps a le plus besoin d'un salutaire exercice, commencent à faire naître les funestes douleurs qui doivent ne lui laisser aucun jour de repos, et abréger son existence. Cependant, au moyen des figures qu'il a tracées, et qu'il appelle des ronds et des barres, à l'aide des axiomes qu'il a trouvés, il pénètre dans une science de son invention, et résout la trente-deuxième proposition d'Euclide.

Surpris par son père au moment où ses réflexions lui découvrent la vérité du théorême, dont il a tracé les figures, il lui rend compte de ce qui la conduit à cette recherche; il revient aux axiomes qu'il a trouvés, aux démonstratious qu'il s'est faites, et révèle toute la force et la pénétration de sa pensée. Ne pouvant plus long-temps jouir seul de sa surprise et de son admiration, cet heureux père se rend auprès de son ami le Pailleur. Assis et immobile en sa présence, il verse des larmes d'attendrissement, et pour réponse à ses vives interrogations, il lui remet le travail de son fils. L'illustre Descartes voit ce travail et ne peut croire que ce soit l'ouvrage d'un enfant. Dans la suite, Voltaire chercha lui-même à rabaisser le mérite du jeune géomètre. Ainsi dès son enfance on voit la gloire et l'envie s'attacher à ses pas.

La défense qui lui avait été faite est levée. Son père étonné de ses facultés surnaturelles les seconde. Pascal s'élance plutôt qu'il entre dans la carrière de la géométrie. Il s'y livre avec ce goût qui est le présage des succès, et la lecture d'Euclide semble ne réveiller en lui que des souvenirs. A l'âge de seize ans, il a achevé son traité des sections coniques. Là, tout ce qu'Apollonius avait démontré est déduit avec élégance d'une proposition générale et unique, suivie d'un grand nombre de corollaires, tels que des ondulations successives. (1) Les problèmes, auxquels donne lieu la théorie de ces courbes, qui composent toute la géométrie ancienne, y sont résolus d'une manière nouvelle, avec une clarté jusques alors inconnue, et les utiles lois de la synthèse reçoivent dans ses mains toute la perfection dont elles semblent susceptibles.

---

(1) *Quid de binis Pascalibus dixero : Patre in omnibus mathematicis versato, qui mira de triangulis demonstravit ; filio, qui unicâ propositione 400 corollariis stipatâ, omnia Apollonii conica comprehendit ?*

(MERSENNE.)

Quel motif cependant le guidait et le soutenait dans ce profond travail? Était-ce, à cet âge d'illusion, l'illusion de la gloire? Non sans doute. On n'ignore pas que ses ouvrages, ou parurent sous des noms supposés, ou ne furent publiés qu'après sa mort. Ce qui le guidait, c'était l'amour de la vérité, le mobile de tous ses travaux.

Conduit par elle, il a atteint les limites connues de la géométrie à l'âge où la plupart de ceux qui se livrent à cette étude ne font que s'y appliquer avec fruit. Un nouveau genre de pensées l'occupe. Il veut, par une découverte nouvelle, communiquer le fruit même de la science, à ceux qui n'en auront aucune teinture. Il choisit, à cet effet, la partie des mathématiques, dont l'usage est le plus journalier, l'arithmétique. Son invention ne sera pas utile seulement aux hommes dépourvus de savoir, elle sera utile aux astronomes même; car, en dernière analyse, dans tout problème, les relations des quantités doivent être exprimées en nombre, et en arithmétique, tout se réduit aux opérations fondamentales de cette science. Si Neper a doublé la vie des astronomes en découvrant le calcul des logarithmes, Pascal leur rendra un service d'un autre genre, en les faisant procéder dans une partie de leur travail, sans fatigue, en rendant au contraire à leur esprit sa fraîcheur et sa force première. 3) Après deux années d'application et de peine, à 21 ans, il fait paraître cette machine célèbre, qui réduit une science d'entendement à des opérations manuelles. Mais son corps se consume dans ces recherches, et les douleurs qu'il éprouve, ne lui laissent plus de repos.

Les souffrances qu'il endure semblent devoir accabler son esprit, l'abaisser vers la terre, et son élévation devient sans cesse plus grande. Il s'est placé devant son siècle dans son traité des sections coniques; il l'a étonné par la création de sa machine savante; il compose le triangle arithmétique, si fécond en aperçus nouveaux, d'où naissent des théories non moins utiles que brillantes. Du rapport des nombres qu'il contient, dérive la formule du binôme élevé à une puissance positive; et c'est en généralisant la pensée de Pascal, que Newton devait découvrir la formule du binôme élevé à une puissance quelconque; de la sommation de ces nombres dérive le calcul des suites infinies; (Leibnitz, à qui l'on doit comme à Newton, la découverte de ce calcul, la plus belle de toutes celles qu'ait faites l'esprit humain, qui a changé entièrement la face des mathématiques, qui a recréé l'astronomie, qui a rapproché de l'homme les corps célestes, qui lui a donné le moyen de décrire avec précision leur distance mutuelle , leurs sphères) leur révolutions , Leibnitz , pour parvenir à cette découverte , n'eut qu'à tirer les conséquences du principe, posé dans le triangle arithmétique ; aussi déclare-t-il avec bonne foi, que les ouvrages des géomètres français l'ont changé en un homme nouveau, et qu'il leur doit une partie de sa gloire). Enfin les propriétés de ce triangle mystérieux, se multipliant sous le perçant regard de Pascal, il détermine les combinaisons dont diverses quantités sont susceptibles ; il crée la théorie des probabilités, et soumet au calcul les chances du hasard.

Quel beau spectacle nous présentent dans ce moment son génie et sa vertu. Fermat (1), son noble ami , simplifie et généralise sa méthode. Pascal unit à ses éloges les plus touchantes expressions de l'amitié. Pouvait-il, à la hauteur où il était parvenu , connaître les passions de la terre? Soit que l'amour d'une brièveté admirable le porte à se resserrer dans un cadre concis ; soit que ses douleurs lui annonçant sa fin prochaine, il veuille nous transmettre les vé-

---

(1) Fermat, Conseiller au parlement de Toulouse, fut un des mathématiciens et des jurisconsultes les plus profonds que nous ayons eu.

rités de tout genre, fruit de ses diverses études, il ne donne dans son traité des combinaisons que le principe et l'exemple ; mais ce traité renferme la théorie entière. Il en a indiqué en masse tous les avantages : ses successeurs les réalisent. Huguens semble recréer la théorie des probabilités , et ce géomètre aussi grand que modeste, en attribue toute la gloire aux géomètres français ; s'élevant à un ordre de considérations plus noble , Jacques Bernouilly, l'anglais Petty , et de nos jours Condorect , donnent la solution des problèmes les plus intéressants de la politique, de la jurisprudence et de la vie civile. Banni par la révocation de l'édit de Nantes , Maclaurin , accueilli en Écosse, consacre cette belle théorie à la reconnaissance. Elle produit entre ses mains la caisse des veuves et celle des épargnes du peuple. Tout le nord de l'Europe s'empare de ces heureuses institutions ; et nous , a qui il en est redevable, jaloux seulement de la gloire d'avoir créé ce calcul , nous en abandonnions l'utilité aux autres peuples. C'était notre roi, c'était un prince français exilé à son tour , qui devait nous rapporter des contrées étrangères, les bienfaisantes institutions d'un français exilé.

Mais Pascal est arraché à ces vérités spéculatives par le tableau de l'univers. L'étude de la nature, cette étude si pleine de charmes le captive. Que de phénomènes autour de l'homme ! En lui quelle profonde ignorance de leurs causes ! Ne saurait-il donner qu'une vaine admiration à ce qui frappe ses regards ? Que de difficultés s'offrent à lui dans la route qui doit le conduire à la vérité ! Il est enchaîné par les opinions reçues, et la nature échappe à ses regards. Dans cet état, la conduite de Pascal est celle d'un homme aussi sage que judicieux. Ce que l'antiquité a consacré, il le respecte ; mais ce respect n'a rien d'irréfléchi, rien d'aveugle, rien de fanatique ; il doit céder à l'évidence des faits ; elle seule peut détruire sa croyance aux antiques doctrines. Mais il repousse les systèmes enfants de l'imagination ; ce n'est pas lui que peut séduire la vaine gloire qu'ils procurent. Que l'on dérobe à la nature toutes les vérités possibles, leur réuniou formera peut-être un jour un faisceau d'où jaillira une lumière imprévue ; que l'on ne lègue du moins aucune erreur à la postérité. Tel est l'esprit qui anime Pascal ; tel est l'esprit qu'il a communiqué aux sociétés savantes de nos jours. Mais il est dans sa destinée de n'appliquer son génie à aucun objet sans obtenir un succès mémorable. Aussi sa brillante démonstration de la pesanteur de l'air, vient-elle imprimer un mouvement rapide à la science physique, et découvrir une partie de la vérité, cachée à nos regards.

Toute l'antiquité avait dit, et l'on croyait que l'air était sans poids. On attribuait les effets que cause sa pesanteur, à l'horreur de la nature pour le vide. Cependant on avait essayé en vain d'élever l'eau dans les pompes à plus de 32 pieds. Galilée mourant cherchait la cause de cet obstacle. Torricelli, légataire de ses pensées et de sa gloire, conçut l'idée heureuse, qu'on devait l'attribuer au poids de l'eau. Après l'expérience qu'il fit, au moyen du tube qui porte son nom, il affirma qu'une cause semblable élève, dans le vide, une colonne d'eau de 32 pieds, et une de mercure de 28 pouces (1) ; et dit que le contre-poids de ces deux colonnes, était la pesanteur de l'air. Mais il mourut sans avoir convaincu que c'était là le secret de la nature, et l'erreur reparut, ou plutôt, ne cessa pas de régner sur la terre.

Instruit de l'expérience du baromètre, Pascal la renouvelle. Bientôt il en fait une plus ingénieuse que celle-ci et qui lui sert de preuve. Il unit, par sa courbure pleine de vif argent, un second tube, à l'extrémité supérieure d'un

______

(1) Hauteurs relatives à la pesanteur des deux fluides.

tube de Torricelli. En ouvrant cette extrémité, le mercure du second tube, sur qui pèse la masse de l'air, s'élève, et le mercure du tube inférieur, contre-balancé par deux poids égaux, s'abaisse. Alors il publie cette première vérité, que la nature n'a aucune horreur pour le vide. Cela ne prouve point encore la pesanteur de l'air. Mais en s'élevant sur les plus hautes tours de Paris, il a remarqué une diminution de la hauteur du mercure renfermé dans le baromètre, il s'écrie : si cet abaissement est proportionné à l'élévation des plus hautes montagnes, la pesanteur de l'air est démontrée. Le lieu de sa naissance devient témoin des expériences célèbres qui confirment sa pensée. On se transporte dans un beau jour d'automne sur le sommet du Puy-de-Dôme ; on monte, le mercure s'abaisse ; on redescend, il s'élève. On introduit de l'air dans un balon : ce balon est comprimé au bas de la montagne; il est dilaté sur son sommet. La pesanteur, l'élasticité de l'air sont démontrées.

Soyons justes envers Torricelli, n'oublions pas qu'une injustice et un excès de sensibilité causèrent sa mort. Il connut, il démontra le premier la pesanteur de l'air. Mais de quel fruit fut pour lui cette découverte? Quelle application en fit-il? Au contraire, quel usage utile et brillant en retire Pascal ! Comme elle s'étend et s'agrandit dans sa pensée ! Comme elle devient pour lui une source de vérités nouvelles, une cause d'effets heureux ! Il compose son traité de l'équilibre des liqueurs, et toutes les parties de l'hydrostatique sont liées d'une chaîne indestructible, toutes les lois de la pesanteur des fluides sont connues, tous les bienfaits que l'on peut en retirer sont appréciés, toutes sortes de phénomènes dont on ignorait la cause sont expliqués. Suivons-le, transportons-nous par la pensée sur cette montagne qui domine la fertile Limagne, sur cette montagne qu'il a rendue célèbre, sur le sommet de laquelle semble reposer son génie. La nature a laissé échapper un de ses innombrables secrets ; il connaît la pesanteur de l'air ; il en pèse dans sa pensée la masse entière. Mais une vérité abstraite doit toujours être accompagnée pour lui d'une vérité utile ; d'une main il élève le baromètre, devenu le moyen de connaître avec précision le niveau de tous les lieux, de l'autre il indique aux hommes la route qui conduit à toutes les vérités physiques. Mais tout marche autour de lui dans les ténèbres de l'ignorance et dans l'aveuglement d'un fanatisme littéraire : l'imagination interroge seule la nature ; une logique barbare est le langage de l'erreur ; à travers les cris furieux de l'école, il semble que l'on entende encore les gémissements de Roger-Bacon dans les fers, et les derniers sanglots de Ramus, victimes d'un savoir prématuré. Pour triompher de l'aveuglement général et de l'envie prête à se déchaîner, Pascal fait entendre les accents d'une sublime éloquence ; ils s'impriment dans tous les esprits; ils retentissent dans tous les siècles, et sont la véritable cause des progrès que les sciences physiques ont faits de nos jours.

« Que tous les disciples d'Aristote, dit-il,
» assemblent tout ce qu'il y a de fort dans les
» écrits de leur maître et de ses commentateurs,
» pour rendre raison de ces choses par l'hor-
» reur du vide, s'ils le peuvent ; si non qu'ils
» reconnaissent que les expériences sont les véri-
» tables maîtres qu'il faut suivre dans la physi-
» que ; que celle qui a été faite sur les montagnes
» a renversé cette créance universelle du monde,
» que la nature abhorre le vide, et ouvert cette
» connaissance qui ne saurait plus jamais périr,
» qu'elle n'a pour le vide aucune horreur, qu'elle
» ne fait aucunes choses pour l'éviter, et que
» la pesanteur de la masse de l'air est la véri-
» table cause de tous les effets qu'on avait jus-
» ques ici attribués à une cause imaginaire. »

Les orages qu'il avait prévus grondent autour de lui ; l'envie, l'erreur, les préjugés élèvent leurs cent voix. Il est sourd à leurs vaines clameurs ; il sait que la vérité doit triompher. Sa position le rend inaccessible aux traits de l'envie, et son caractère laisse un libre cours à des passions qui doivent mourir. Mais en se déchaînant avec fureur contre les objets de son amitié, contre les vertueux solitaires de Port-Royal, les passions des hommes l'arrachent à ses études, le lancent au milieu de tous les troubles de son siècle, et donnent l'immortalité à ces débats en le contraignant d'y mêler son génie.

Sont-elles sans intérêt, ces questions de la grâce et du libre arbitre, auxquelles semble attachée toute la destinée de l'homme ; qui, dans leurs modifications, occupèrent tous les âges, partagèrent tous les cultes, et causèrent de si funestes divisions parmi nos pères ? Sont-ils sans attendrissemens ces souvenirs qui s'élèvent des ruines de Port-Royal ? Près de ces lieux, où les bruits et les pompes de Versailles devaient bientôt succéder au silence d'une profonde solitude, au milieu de toutes les beautés de la nature, et du mélange majestueux des eaux et des bois, s'élevait l'abbaye du Désert. Là, d'une part, des vierges saintes voyaient leurs jours s'écouler dans l'occupation et la prière ; et de l'autre, des solitaires pieux, connus dans le monde par leur savoir et leurs succès littéraires, formaient à toutes les vertus et à toutes les sciences, des élèves choisis, dont la plupart étaient destinés à occuper les premiers emplois de l'état. Là, une partie des grands de la cour, venait quelquefois retrouver le repos et le contentement; car on y joignait les pratiques les plus austères de la religion, aux manières du monde les plus agréables et les plus douces. La tranquillité de ces lieux portait à la vertu; elle favorisait le génie. De là se répandaient des ouvrages classiques, empreints d'une longue méditation et d'un vernis d'antiquité; là on alliait les pensées les plus sublimes de la science, à la soumission la plus humble du christianisme. Connaissant toutes la faiblesse humaine, les pieux solitaires proclamaient dans leurs œuvres de morale, que l'homme, dans la pratique de ses devoirs, a besoin d'une grâce particulière de Dieu. Mais une société, celle des jésuites, chère à la cour de Rome, dont elle favorisait toutes les prétentions; puissante par ses intrigues à la cour de France; portait sur l'abbaye de Port-Royal, des regards enflammés. Elle voyait avec une jalousie ardente une société qui se consacrait comme elle à l'enseignement, qui menaçait de s'agrandir, dont les succès littéraires surpassaient de beaucoup les leurs, qui attirait à elle une partie des grandeurs de la cour, bien que ce fussent des grandeurs mécontentes.

Animée d'une haine héréditaire, elle brûlait de se venger dans la personne d'Arnaud, de sa famille puissante et nombreuse, dont elle rencontrait partout l'opposition ; de son aïeul, dont l'éloquence lui avait fait des blessures qui saignaient encore (1) ; et de lui-même surtout, qui, puissant par son crédit, son caractère et son savoir, ne les ménageait en rien. Elle sollicitait à grands cris, et par des intrigues actives, la condamnation de ses ouvrages, et de cinq propositions sur la grâce, qu'elle soutenait se trouver dans l'ouvrage de l'évêque Jansen, et renfermer la doctrine de Port-Royal.

Arnaud descendit dans l'arène ; Arnaud qui sacrifia à sa conscience tout ce qui peut flatter le plus l'ambition de l'homme, qui écrivit avec génie et fut malheureux avec courage. Né pour les combats polémiques, plein d'une éloquence mâle, véhémente et enrichie d'un profond savoir, il triomphait aux yeux de la raison ; mais les discussions métaphysiques auxquelles il se livrait, étaient au-dessus de la portée de la plupart des hommes. Pascal embrasse sa défense.

Qui doit le plus exciter notre admiration ? Ou la précision avec laquelle il traite des sujets si délicats ; ou le jour dans lequel il fait paraître

---

(1) Dans le procès qu'elle eut à soutenir contre l'université.

des questions si obscures ; ou l'intérêt involon-
taire qu'il nous force d'y prendre ?

Il soulève le voile que les passions ont jeté sur
la vérité ; il met à nu le secret des cœurs, il
montre à découvert les jésuites condamnant dans
la personne d'Arnaud la doctrine de la grâce,
qu'ils approuvent chez les dominicains. Il brise,
à l'aide d'une allégorie ingénieuse, le talisman
qui concilie deux sociétés, divisées par leurs
opinions, rapprochées par leur intérêt ; et cette
allégorie rappelle ce que les fables de l'Inde ont
de plus sage, ce que les paraboles de l'évangile
ont de plus doux. Bientôt changeant de mode,
il offre dans un rapide et brillant tableau, l'antique doctrine de la grâce, abandonnée par les
dominicains ; il fait résonner sur leurs têtes les
foudres d'une éloquence sublime ; et l'on dirait
que le tableau le plus gracieux de la Genèse soit
uni par une transition heureuse à la menace la
plus terrible d'Isaïe. — Mais ceux qui persécutent
doivent être irréprochables ; les mains qui sou-
tiennent l'arche sacrée doivent être pures et saintes ; et Pascal découvre dans la morale des
jésuites, dans la doctrine de leurs casuistes, une
indulgence coupable, qui peut avoir les suites les
plus funestes. Il se prépare à le combattre. Il
va révéler le pouvoir qui gît dans la pensée de
l'homme, la toute puissance de l'arme légère de

l'ironie, et les ressources que procure à l'orateur une profonde connaissance du cœur humain.

Le plan de son ouvrage devient la source de toutes les beautés qui en découlent. Dans ses lettres ou plutôt sur la scène où se joue ce drame d'un nouveau genre, tour-à-tour on voit paraître l'homme plein de droiture et de franchise ; le sage, qui observe à quel point peuvent se laisser égarer par des intérêts passagers des hommes qui semblent avoir renoncé à tous les intérêts de la terre ; on admire la force étonnante des préjugés dans ce bon jésuite, qui commente avec un saint respect, les plus étranges décisions de ses pères ; on écoute avec surprise les maximes de ces divers casuistes, qui, jaloux à l'envi de montrer leur subtilité, semblent ne pas même songer qu'ils puissent se rendre coupables ; enfin on entrevoit dans l'éloignement ces hommes habiles dans la science du monde, qui dirigent une vaste société qui leur est soumise, et qui, sous des dehors religieux, cachent le dessein fortement conçu d'une domination universelle.

Une secrète tristesse se glisse dans le cœur à la vue du désordre que favorisent les décisions de ces hommes qui devraient porter à tous les sacrifices que commandent la paix et la vertu. Pascal ne combat point ces décisions avec le fiel de Juvénal, avec la gaieté mordante et satyrique de Lucrèce, avec la joie maligne et triste de Voltaire, avec l'indifférence philosophique de Fontenelle, mais avec la force et la tranquillité d'une conscience pure. Son âme, se mêlant à tout, agrandit, généralise ses pensées ; et des questions qui ne semblaient destinées qu'à être débattues dans l'obscurité des cloîtres, s'unissent aux intérêts de la plus haute morale, se rattachent au bonheur des peuples, et produisent l'ouvrage le plus admiré par ceux même qui ne recherchent que les vains agréments et le mérite littéraire.

Eh ! qui le surpasse ou même l'égale en éloquence ? Seraient-ce ses contemporains ? On ne les lit déjà plus. Serait-ce l'illustre Bossuet ? Qui ignore que son souhait le plus cher eût été d'être l'auteur des lettres provinciales ? — Mais comment le géomètre le plus profond est-il devenu l'écrivain le plus célèbre ? Et lorsqu'il est si difficile d'être orateur dans une langue toute créée, comment a-t-il produit un chef-d'œuvre inimitable d'éloquence, dans une langue qui était encore dans l'enfance ; un chef-d'œuvre qui a fixé invariablement le caractère de cette langue ? Qui se sert avec plus de facilité ou plus d'adresse de cet instrument dont il a révélé la force, et qui, de grossier qu'il était, a été soudain perfectionné par lui ? Qui mieux que lui sait le faire obéir à tous les mouvements de son âme, lui faire rendre les nuances les plus fugitives de sa pensée ?

Qui possède, au même degré que lui, cette manière, qui décèle les grands écrivains, d'embrasser d'un coup d'œil toutes les parties du discours; de les disposer avec cet ordre qui réfléchit sur chacune la lumière de toutes; avec ces progressions qni entraînent l'esprit et l'attachent de plus en plus au sujet qui l'occupe? Qui sait unir par des transitions plus heureuses les choses qui semblent le moins faites pour être unies ensemble? Il n'ignore pas que l'homme ne peut donner à toutes choses qu'une attention facile à distraire: ses lettres ont un sujet séparé, il s'y renferme et ne l'épuise pas; mais il a le secret d'inspirer mille idées intermédiaires que son lecteur croit puiser dans son propre fonds. Il sait combien il est difficile d'obtenir quelque chose de l'homme autrement que par le plaisir; il sait que son charme est le seul lien qui puisse captiver l'attention fugitive : aussi a-t-il le talent de délasser à propos, et par un trait de génie qui n'est propre qu'à lui, ce qui récrée son lecteur, est ce qui renferme la dialectique la plus forte. (1)

Mais si nul ne lui ressemble dans l'ordre du

---

(1) Qu'on fasse l'analyse des lettres provinciales, on verra que chacune de ces lettres est un argument en forme, que chacune contient la démonstration géométrique d'un problème donné. Mais Pascal a couvert de la carnation la plus brillante les nerfs du syllogisme.

discours , qui pourra l'égaler dans ce style, qui, au témoignage de Buffon, est tout l'homme ? Sans doute le style de Buffon est admirable, mais n'y voit-on pas trop d'apprêts ? N'a-t-il pas trop voulu produire d'effets ? Ce style, destiné à peindre la nature, est-il assez naturel ? Celui de Pascal n'est ni brusque, ni rompu comme celui de Salluste, de Tacite, et même de Montesquieu ; il a l'abondance de celui de l'orateur romain, sans en avoir le luxe que le bon goût réprouve ; il a la grandeur de celui de Bossuet, sans en avoir les inégalités ; tour à tour il laisse sa pensée couler avec naïveté et abandon, ou il la lance avec la force du raisonnement le plus serré ; nourri de la lecture des livres sacrés, lors même que sa pensée est sublime, son expression est simple ; pénétré des beautés de la langue grecque, on dirait qu'une grâce inconnue prête son charme à ses moindre paroles ; comme Démosthènes, dont il semble avoir imité ces mouvements, qui annoncent la perfection de l'art, et ne sont cependant que la belle nature ; par fois il interrompt un rapide monologue, il s'adresse à son adversaire, il le poursuit, il le presse, il l'accable sous le poids de ses interrogations et de la vérité.

Quel est enfin le secret de ce style, plein de d'une grâce attique, de force et de douceur,

de naturel et de charme, de finesse et d'har-
monie, que l'on ne retrouve ni chez les anciens,
ni à plus forte raison chez les modernes? C'est
l'alliance du savoir le plus varié, et de la vertu
la plus parfaite. En effet, c'est à l'élévation de
son âme que Pascal doit l'élévation de ses pensées;
c'est à l'absence des passions terrestres et des
intérêts humains, qu'il doit cette hardiesse qui
étonne; c'est la solitude qu'il aime, et dans
laquelle les savants s'enfermaient à cette époque,
qui lui inspire ces expressions énergiques, qui
peignent l'objet tout entier; c'est l'application
à l'éloquence d'une géométrie et d'une connaissance du cœur humain également profondes,
qui lui découvre tout ce qui émeut, intéresse,
entraîne, subjugue le cœur de l'homme.

Ravis par tant de beautés jusques alors inconnues, les hommes se disputent ce livre, il
circule dans tous les rangs, il fait les délices de
tous les sexes et de tous les âges; il devient la
règle de tous les écrivains; c'est lui que l'on
consulte chaque jour; c'est à lui que l'on a
recours, dans les moments d'aridité, pour avoir
des inspirations de génie et de goût.

Étonnés de ce nouveau genre d'attaque, tour-
mentés par les coups terribles qui leur sont
portés, indignés de se voir un objet de raillerie publique, les jésuites frémissent; de

violentes passions se heurtent dans leur sein ; de toutes parts se forme et gronde un vaste orage. Ils accusent hautement Pascal de calomnie ; et, par une étrange conduite, ils font paraître l'apologie de leurs casuistes, que le clergé condamne.

Pascal redescend dans l'arène. Il prend Dieu à témoin de l'authenticité de ses assertions ; il en indique toutes les sources ; il invoque la vérité, qui se manifeste avec une force plus puissante et un nouvel éclat. Dirigé par un motif sacré, pour éclairer les hommes, captiver leur esprit, et leur faire recevoir ses utiles leçons, il est devenu le modèle de ceux mêmes dont le but ne sera que de plaire ; il a fait aimer la vertu en rendant le vice ridicule et odieux. Nul poëte comique n'a offert, et n'offrira peut-être une raillerie plus délicate, plus enjouée et plus piquante. Son objet est rempli ; il ne cherche plus à contenir l'indignation que renfermait son âme ; il lui laisse un libre cours, et Bossuet n'a rien d'aussi sublime. Ses moindres paroles, d'où découle un charme inconcevable, retentissent avec l'accent de la persuasion. C'est la vérité qui en fait la beauté. Ce n'est pas le langage d'un siècle, c'est celui qui, dans tous les temps, doit agiter et ébranler le cœur. Plein de ses pensées et des grands intérêts qui

l'occupent, il ne cherche pas des expressions plus ou moins belles : son éloquence se répand à grands flots ; elle surpasse les mouvements les plus rapides de Démosthènes ; l'antiquité n'a plus rien qu'on puisse lui comparer ; c'est une éloquence inconnue à la terre ; une force surnaturelle, un entraînement irrésistible; c'est une voix sacrée et redoutable, qui semble résonner du haut du ciel, et retentir dans les âges ; l'homme juste redouble d'amour pour la vertu ; la terreur glace et consterne l'homme coupable ; une inspiration extraordinaire anime l'orateur ; sans cesse elle lui donne de nouvelles forces, de nouvelles beautés ; et par un de ces traits de devination, qui ne sont que l'effet de la grandeur d'une âme, qui saisit dans le lointain les conséquences nécessaires des choses, il annonce, il prédit la chute des jésuites. « Vo-
» tre iniquité, leur dit-il, sera de peu de
» durée ; votre ruine sera semblable à celle
» d'une haute muraille qui tombe d'une chute
» imprévue, à celle d'un vaisseau de terre qu'on
» brise et qu'on écrase dans toutes ses parties. »

Mais la société de Port-Royal doit se dissou-dre avant qu'ils succombent. Ils s'attachent plus fortement à la cour de Rome ; ils renouvellent leurs intrigues près la cour de France ; ils s'unissent à tout ce qui peut leur prêter un appui ; ils font un dernier et général effort : ils triomphent. Les destins de Port-Royal sont accomplis. Cette retraite est arrachée aux vénérables solitaires, aux vierges saintes qui l'habitent ; la main de l'ouvrier en détruit le vaste édifice ; ses coups répondent à ceux de la hache qui renverse les bois majestueux qui l'environnent ; la cendre des morts elle-même est dispersée et jetée aux vents. On reconnaît, à ces marques, les cruelles blessures que les jésuites ont souffertes. Mais leur vengeance est incomplète. D'une part, ils ne peuvent anéantir la mémoire des hommes de bien qu'ils persécutent ; l'on va chercher encore sur les débris de leur demeure, des souvenirs de science et de vertu ; on croit voir le génie des succès littéraires sortir et prendre son vol du milieu de ces ruines ; de l'autre, tous leurs efforts viennent mourir au pied du monument qui rappelle leur ambition et leurs égarements, qui cause leur haine la plus forte, et qui seul, assurerait l'immortalité à la langue française.

Tandis que les passions les plus violentes se déchaînent contre Pascal, tandis que son corps est en proie à de nouvelles et d'intolérables souffances, qui vont le faire descendre prématurément dans le tombeau, son âme est tranquille, et jouit d'un calme profond. A peine a-t-il cessé

de montrer à son siècle les miracles de l'éloquence, que les problèmes de la cycloïde le
rappellant à une science dont le charme ne
s'oublie jamais, l'occupent de nouveau de ce
qu'il y a de plus abstrait dans la géométrie.
Alors on regardait comme un travail aride et
infructueux, l'étude des hypothèses qu'offre la
cycloïde. Les géomètres eux-mêmes ne semblaient
considérer cette courbe, que comme destinée à
exercer éternellement la pénétration et la subtilité de l'esprit humain; et c'est elle, qui donnant
à Huguens le moyen de porter dans les horloges
marines, la mesure du temps à sa dernière précision, devait imprimer de nouveaux progrès
à l'art de la navigation. Le mérite d'avoir conduit
sa tangente, déterminé son aire, et les solides
qu'elle forme autour de sa base et de son axe,
avait rendu ennemis Roberval et Descartes, avait
soulevé avec violence, les géomètres français contre ceux d'Italie. Victime d'une sensibilité funeste,
Torricelli venait de mourir en prenant le ciel
à témoin qu'il ne devait qu'à soi les solutions
qu'il avait données. Durant l'insomnie de quelques
nuits, Pascal résoud tous ces problèmes; il
en résoud de bien plus difficiles encore que
lui présente cette courbe; et il néglige et laisse
à l'écart ces solutions. Elles allaient se per-
dre, elles allaient rentrer dans la nuit qui

couvre tant de vérités. Ses illustres amis veulent qu'il les fasse connaître. Leur intention secrète est de montrer que l'homme le plus religieux de son siècle, en est le penseur le plus profond. Ils le déterminent à proposer des prix pour la solution de ces problèmes. De toute part on travaille à la trouver. On voit naître, à cet effet, des méthodes ingénieuses ; mais qui toutes ne sont applicables qu'à des cas particuliers. Wallis en approche le plus, à l'aide de son arithmétique des infinis. Mais il fallait une méthode générale. Nul ne l'a trouvée, nul n'a atteint le but desiré. Confondant avec une ironie légère, les injustes prétentions qu'un sujet de gloire proposé aux hommes, ne pouvait manquer de faire naître, Pascal montre à tous les yeux, dans son traité de la cycloïde, la solution générale qu'il avait demandée. Elle est fondée sur des propriétés particulières de cette courbe, et sur la sommation des suites, qui résulte du triangle arithmétique. Il laisse loin de lui les plus illustres géomètres de son siécle, il touche au calcul différentiel et intégral, et si les souffrances et les dernières études ne l'eussent arraché aux sucès qui l'attendaient, l'Allemagne et l'Angleterre ne se disputeraient pas aujourd'hui l'invention de ce noble calcul.

Mais un monument, qui, tout inachevé qu'on

le voit, frappe d'étonnement, n'eût pas été consacré à la religion et au bonheur de l'homme.
Fermat n'était plus. Placé hors de la sphère
de son siècle, Pascal ne voyait personne autour lui, dont l'entretien pût lui faire aimer
ses travaux et fournir des aliments à son génie.
Déjà il touchait aux difficultés éternelles, données
pour barrières à la science de l'homme. Ses douleurs, toujours croissantes, lui montraient la
mort qui s'élevait pour lui, sur un horizon funeste. Le temps fuit, disait-il, tout change autour de moi; la douleur, qui me consume, va
bientôt terminer mes jours; bientôt mes yeux
fermés à la lumière ne jouiront plus du spectacle de l'univers; ma destinée éternelle aura
commencé. Alors tous les liens qui l'attachaient au
monde se brisent; tous les intérêts qu'il présente
disparaissent pour lui devant ce dernier et unique intérêt. Il n'est plus d'autre étude pour lui
que l'étude de l'homme, et de l'objet pour
lequel il est placé sur la terre. Combien cet
être mystérieux lui paraît incompréhensible!
Quelle place lui assigner dans l'univers! Il n'est
qu'un point sur la terre, et la terre n'est elle-
même qu'un point, au prix du vaste tour qu'elle
décrit; ce vaste tour n'est lui-même qu'un point
délicat à l'égard de celui que les astres qui
roulent dans le firmament embrassent; au-delà,

de nouvelles planètes, et de nouvelles révolutions.
A chaque instant, Pascal élance son esprit avec
plus de force dans les espaces de l'immensité.
Du sein de sa méditation on l'entend s'écrier :
*la pensée se lasse plutôt de concevoir, que la
nature de fournir.* Enfin, il profère ce cri de
l'admiration fatiguée : *l'univers est une sphère
dont le centre est partout, et la circonférence
nulle part.* De retour sur lui-même, un nouveau genre de merveilles vient le frapper d'é-
tonnement. L'espace le plus borné se divise à
l'infini ; de nouveaux mondes naissent de l'atome
le plus léger ; un nouvel ordre de créations,
bientôt invisibles, se succèdent sans fin et sans
repos. L'homme est ainsi suspendu entre deux
abîmes. S'il n'est rien à l'égard de l'infini, c'est
un tout à l'égard du néant. *Ce n'est qu'un roseau*, dit Pascal, *le plus faible de la nature,
mais c'est un roseau pensant.* C'est la pensée
qui le distingue de tous les êtres ; c'est par elle
qu'il remonte jusques à la divinité. Mais comment concilier en l'homme, tant de grandeur
avec tant de faiblesse, une destinée si noble
avec une fin si misérable? Ces oppositions, dit-il,
ces extrêmes, rendraient seuls inutile à l'homme,
l'unique croyance d'un Dieu, auteur des vérités
géométriques et éternelles. Cette croyance ne
lui donnerait point la solution de l'énigme de

soi-même ; elle le laisse en proie aux pensées contraires qui l'assiégent, aux incertitudes qui l'affligent ; avec elle, tour à tour, il s'élève vers le ciel, et se perd dans les régions de l'orgueil ; ou ne pouvant se dégager des funestes vapeurs qui s'exhalent des choses périssables, il ne voit que son infortune, et s'abandonne au désespoir. Mais la religion chrétienne vient le tirer de cette perplexité. Elle unit le ciel et la terre par un divin médiateur ; elle remonte au berceau du monde ; elle se déploie, sous les yeux de Pascal, avec toutes ses beautés et ses preuves. Quels bienfaits et quelles lumières elle répand à la fois sur l'existence de l'homme ! C'est elle qui dissipe les contradictions de son être et de sa destinée ; qui lui révèle le secret de sa grandeur et de son abaissement ; qui remplit, à la fois, son âme d'humilité et de hauteur ; qui joint le double mérite, de convenir au peuple et au savant ; qui élève l'un et abaisse l'autre ; qui, considérant l'objet de la création de l'homme, lui ordonne d'aimer Dieu (1) ; qui, mieux que tous les philosophes, connaît l'orgueil de son âme, cette source intarissable de ses maux, et

---

(1) Deux lois suffisent pour régler toute la république chrétienne, mieux que toutes les lois politiques, l'amour de Dieu et celui du prochain.　　　　　　　　(Pascal).

lui fait un devoir de l'humilité ; qui prévoit le choc des passions, ainsi que de tous les intérêts de ce monde, et ordonne d'aimer les hommes comme des frères. Elle sait comment la vie est souvent pleine d'amertume : de tous les coins de la terre, dit Pascal, s'élève un long cri de douleur, et cette douce religion fait une obligation de l'espérance ; pour adoucir toutes les peines et modérer toutes les joies, elle retrace le souvenir des biens dans les jours d'affliction ; elle rappelle, au sein des plaisirs, la mémoire des jours de douleurs ; c'est elle qui doit exciter l'amour et la reconnaissance de l'ami des arts ; qui rend toutes ses pensées gracieuses et sublimes ; qui a recueilli dans son sein les sciences abandonnées sur la terre ; qui les protège et les favorise ; c'est elle enfin, qui récompense par le bonheur actuel la recherche du bonheur à venir.

Quelle majestueuse idée nous donnent de ce monument qu'il voulait consacrer à la religion, les pensées qu'il avait recueillies à ce dessein ! Pourquoi n'a-t-il pu terminer son ouvrage ? De quelles beautés il aurait brillé ! De quelle utilité il eût été pour tout le genre humain ! Alors qui aurait-on pu légitimement comparer à Pascal ? et bien que cet ouvrage soit imparfait, qui égale cet homme dont l'existence fut si courte, et remplie de tant de souffrances ? 3) Descartes, Newton,

Leibnitz? Il eut toutes les qualités de ces hom=
mes immortels ; il en eut qu'ils ne possédèrent
pas. Son savoir eut plus de solidité que celui de
Descartes ; plus de variété que celui de Newton ;
plus de perfection, dans quelques parties, que
celui de Leibnitz. Nul ne posséda, comme lui,
et dans un pareil degré, les sciences les plus
opposées (1) ; partout où l'homme peut être
utile à l'homme on le retrouve ; dans tous les
objets où le génie concourt à la gloire de sa
nation on reconnaît son influence.

Au-dessus de ses succès littéraires, on ne saurait placer que sa vertu. C'est elle, qui, dissi-
pant un orgueil, qui eût été bien légitime, le
rendit le plus simple des hommes ; qui mêla
une joie douce à la tristesse que lui causaient
ses souffrances ; qui l'appliqua sans cesse à
arracher de soi-même, jusques à la dernière ra-
cine du moi humain, *si haïssable*, disait-il, *puis-
qu'il se fait centre de tout;* qui le remplit de
la charité la plus ardente pour tous les malheureux ; et qui, par une délicatesse bien rare,
lui faisait redouter, pour ceux qui l'aimaient,
l'amitié même dont il était l'objet. *Hélas !* leur

___

(1) Je n'admire point un homme qui possède une vertu dans
toute sa perfection, s'il ne possède, en même temps, la vertu
opposée.   (PASCAL).

disait-il , *il n'est pas juste que l'on s'attache à moi, quelque plaisir qui doive m'en revenir ! Je ne suis la fin de personne. Ne suis-je pas prêt à mourir ? L'objet de leur attachement mourra donc ?* Accoutumé à méditer sur l'infini et l'éternité, il voyait combien l'homme est borné dans son existence, et passager dans sa durée. Il embrasse dans ses projets un long avenir, et tout ce qu'il possède s'écoule (1) ; ses années s'accumulent avec rapidité ; il les suit dans ce gouffre, sans cesse ouvert, où s'anéantit la puissance, où s'évanouit la beauté, où va se reposer le malheur. Au murmure des passions vivantes, succède un silence éternel , et l'oubli promène son niveau sur les générations éteintes. Mais celui qui a laissé des œuvres nées d'un goût délicat, empreintes d'une longue méditation de tout ce qui est beau, et d'un amour profond de l'humanité ; où l'on retrouve les vérités, les leçons, les découvertes les plus utiles au bien-être et au bonheur de la vie, où semble briller un reflet de la divinité, est immortel comme elle. Absent de ce globe, il y habite encore ; la gloire y perpétue son existence. Sa mémoire est sem-

---

(1) C'est une chose horrible de sentir s'écouler tout ce qu'on possède, et qu'on s'y puisse attacher sans avoir envie de chercher s'il n'y a point quelque chose de permanent (PASCAL).

blable à ces monuments, qui, placés au milieu des déserts, triomphent des siècles et des âges. Le temps, il est vrai, enchaîné dans un cercle perpétuel de passions et de vertus, de savoir et d'erreurs, amène des époques de perversité, où son souvenir s'affaiblit avec les connaissances humaines ; mais la vertu et le bonheur viennent-ils à renaître ? Avec le calme et la paix, refleurissent les sciences, et la grande ombre, reparaissant sur l'horizon des siècles, redevient l'objet de la vénération et des hommages des hommes.

FIN.

NOTES.

1) On ne saurait révoquer en doute l'existence de ce projet. La correspondance de Voltaire en contient la preuve matérielle.

2) Pascal inventa la brouette, les haquêts ou chariots à brancard et bascule, la manivelle du puit de Port-Royal, au moyen de laquelle un enfant de douze ans pouvait élever un sceau que douze hommes auraient eu de la peine à enlever, etc.

3) Pascal (Blaise) nâquit à Clermont, le 19 juin 1623, et mourut à Paris, le 19 août 1662, à trente-neuf ans. Il ne commença à étudier les langues anciennes qu'à l'âge de douze ans. Les quatre dernières années de sa vie, ne peuvent compter dans son existence littéraire; pendant ces quatre dernières années, il lui fut impossible de se livrer à aucun travail.